EL CID

NEW EDITION

EL CID

Adapted in prose for intermediate students by

Marcel C. Andrade

Awarded the *Encomienda con Placa de la Orden Civil de Alfonso X el Sabio* by His Majesty King Juan Carlos I of Spain

Feldman Professor
University of North Carolina—Asheville

New York, New York   Columbus, Ohio   Chicago, Illinois   Peoria, Illinois   Woodland Hills, California

Cover art: Thomas Gianni
Interior illustrations: Mike Taylor, SGA Illustration Agency, IP7 5AP, England

 **Glencoe**

The McGraw·Hill Companies

Send all inquiries to:
Glencoe/McGraw-Hill
8787 Orion Place
Columbus, OH 43240

ISBN : 0-658-00558-8
Printed in the United States of America
13 DOC 14

This edition honors Ed Harding from the Dunwoody Institute in Minneapolis, Minnesota.

Mr. Harding, your teaching and your work ethic have been a source of inspiration to me for nearly half a century!

Contents

Preface

Rodrigo Díaz de Vivar, el Cid, is the national epic hero of Spain. He is also the hero of the oldest Spanish literary masterpiece, the *Cantar de Mío Cid*, or *Poema del Cid*. El Cid has captured the imagination of readers for centuries and has provided topics for books, plays, operas, and films. This volume—written in simple, modern Spanish prose—recreates the flavor of this great epic poem for the intermediate Spanish classroom.

In this new edition, each of the three *cantos* into which the book is divided is preceded by a prereading activity that will encourage students to use their prior knowledge and critical thinking skills to make their own special connection to the story. And each short, manageable chapter within a *canto* is followed by a variety of comprehension activities to ensure student understanding. Students will be asked some general objective questions based on what is going on in the chapter; they also might have to sequence events described in the reading or decide if given statements are true or false, correcting the false information. There is also a *¿Qué opinas?* section that appears after every chapter and foments classroom discussion. The new, open design of this edition is more inviting to students, and the completely new illustrations are superb visual aids that will enhance their reading enjoyment. Each passage is thoroughly annotated; students will not be mystified by historical or literary allusions, or by obscure cultural references. To avoid looking up unfamiliar terms in a dictionary, difficult vocabulary is glossed at the foot of the page and then recollected, along with other words, in the Spanish-English *Vocabulario* at the back of the book.

Introduction

The *Poema del Cid* is the first great work of Spanish literature. In contrast with other European epic poems, the book presents a real man, not greatly idealized and in no way aided by supernatural beings. El Cid moves among people who, for the most part, really existed, and whose deeds and everyday life are, with few exceptions, rigorously historical. The identity of the author of the *Poema del Cid* is not known, although it is thought that he came from Medinaceli or its environs since the descriptions of this area—near the city of Soria in Old Castile—are meticulously noted in the text. The original language in which the poem was written leads one to think that the author was a Mozarab *(mozárabe)*, that is, a Christian who lived among Muslims. In fact, the word *Cid* comes from the Arabic *Sidi*, which means "My Lord." The poem was retold from memory until it was first written down about 1140. El Cid died in 1099; therefore the poem realistically describes a man who had been dead for only forty-one years. The geography described in the book is exact although, of course, some towns have since disappeared. Today one can follow the same routes used by el Cid and that were originally built by the Romans.

There are three parts, or *cantos*, to the *Poema del Cid*. In the first, Rodrigo Díaz de Vivar, called Cid by the Moors, is accused by Count García Ordóñez of holding back tributes he was sent to collect from the Moors for his king, Alfonso VI of León, and of keeping them for himself. Thinking him guilty, Alfonso exiles el Cid from León and Castilla. El Cid then takes his wife and two daughters to the monastery of Cardeña for safekeeping, hoping that some day he will be able to arrange good marriages for his young daughters. El Cid and his followers make raids into Moorish territory in lands to the southwest of Zaragoza, thus gaining fame and riches.

In the second *canto*, el Cid advances toward the Mediterranean coast where he captures the famous city and Moorish stronghold, Valencia. He then brings his wife and daughters there to live with him. Meanwhile, the Infantes de Carrión, nephews of the enemy who caused our protago-nist's exile, scheme to marry his daughters in order to get a share of el Cid's newly acquired and great wealth. Alfonso VI and el Cid, now on friendly terms, meet on the banks of the Tajo River. The king pardons el Cid and arranges the marriage of our hero's daughters to the Infantes. Although el Cid is hesitant, he defers to his king.

The third *canto* shows the cowardice of the Infantes in battles against the Moors. El Cid's men notice their lack of bravery and mock the Infantes, who react by taking revenge on el Cid's daughters, to whom they are now married. The Infantes depart with their wives, taking with them their entire share of el Cid's wealth, including two priceless swords, Colada and Tizona. The Infantes set out for Carrión and when they reach the oak grove of Corpes, they order their escort to precede them. The Infantes then savagely attack their wives and leave them for dead. A rel-ative of the young women, who was sent to follow from a discreet dis-tance, takes them to safety. When el Cid learns of the Infantes' treach-ery and wickedness, he demands justice from the king, and the Spanish nobles are summoned to the city of Toledo. El Cid demands the return of his swords and his other possessions and, most importantly, demands a judicial duel between his champions and the Infantes de Carrión. El Cid's men defeat the treacherous Infantes, and the daughters are later married to two princes, heirs to the kingdoms of Aragón and Navarra.

The *Poema del Cid* is the only Spanish epic poem preserved in an origi-nal form, in one manuscript. The poem was written in verse, but at the time it was written few people knew how to read. Minstrels chanted these epic poems before audiences composed of nobles in the castles, or of peasants in the market place. These performances were very popular.

One outstanding aspect of the poem is the characterization of el Cid. He is portrayed as a real person who shows a range of emotions as he talks, jokes, cries, and boasts. He loves his family and is loved by all but his ene-mies. He is, however, respected by his enemies on the battlefields and greatly envied by his enemies at home. He is generous with his friends and just with his foes. He is loyal and is quick to forgive. He is deeply religious, yet a bit superstitious. His courage is unsurpassable, and he is a tender and loving husband and father. El Cid embodies the typical medieval virtues that make him the perfect medieval knight.

El destierro°

Antes de leer: *¿Qué significa para ti el destierro? Mientras lees este canto, piensa en las consecuencias del destierro y lo que significa para el Cid, su mujer e hijas y su rey.*

Capítulo 1

El rey destierra al Cid de Castilla

El rey Alfonso de Castilla y León[1] peleaba contra los moros.[2] Rodrigo Díaz de Vivar no luchaba con su rey porque Alfonso le mandó a cobrar parias° en Córdoba y Sevilla.

El conde García Ordóñez[3] y otros cristianos instigaron luchas entre los moros de Sevilla y Granada. Rodrigo entró en batalla contra los de Granada, quienes huyeron. Allí Rodrigo mesó la barba° de García Ordóñez por lo que había instigado.

Rodrigo ganó gran botín° y fama en las luchas. Los moros le dieron el nombre de "Cid Campeador"[4] por su valor en los campos de batalla. Pero los enemigos malos del Cid cambiaron los hechos y acusaron a Rodrigo de traición al rey. Alfonso creyó todo y escribió una carta al Cid

---

destierro exile	**mesó la barba** pulled at his	**botín** booty
parias taxes	beard	

[1] Alfonso VI (1031–1109)

[2] The Moors invaded Spain in 711, and were finally expelled in 1492. A legend tells how Rodrigo, the last Visigothic King of Spain, took advantage of la Cava, the beautiful daughter of Count Julián. At the time, the Count was governor of a Spanish colony in North Africa. To avenge his honor, Julián made a pact with the chieftain of the Moors, Tarik, to help him invade Spain from North Africa.

[3] Count García Ordóñez, a favorite of Alfonso VI, was the archenemy of el Cid and was the cause of our hero's exile.

[4] In Arabic *Sidi* means "My Lord." *Campeador* means "warrior" in Spanish.

desterrándole de Castilla. Le dio solamente nueve días de plazo° al Cid para salir de su patria.[5]

Comprensión

A. Contesta las siguientes preguntas.

1. ¿Contra quién peleaba Alfonso VI?
2. ¿Para qué fue Rodrigo a Córdoba y Sevilla?
3. ¿Qué hizo el conde García Ordóñez?
4. ¿Qué hizo el Cid al conde García Ordóñez?
5. ¿Cómo le llamaron los moros a Rodrigo? ¿Por qué?
6. ¿Qué ganó el Cid en las batallas?
7. ¿Qué hicieron los enemigos del Cid?
8. ¿Cómo reaccionó el rey?

B. Indica si las siguientes oraciones son ciertas (C) o falsas (F). Corrige la información falsa y cita las palabras o frases del capítulo que apoyan la información.

1. El rey Alfonso era partidario de los moros que vivían en España.
2. Parece que el conde García Ordóñez era enemigo del Cid.
3. Los moros respetaban al Cid.
4. Los enemigos del Cid lo engañaron.
5. El rey Alfonso estaba decepcionado con el Cid.
6. El Cid tuvo que abandonar su casa y su tierra.

C. ¿Qué opinas?

1. Busca en un mapa España y el norte de África. ¿Cómo crees que los moros llegaron a la Península Ibérica? ¿Crees que el viaje fue difícil? ¿Puedes encontrar los siguientes lugares en España: Castilla, León, Córdoba, Sevilla, Granada?

---

plazo time

[5] El Cid was the Commanding General of Sancho, who was King of Castilla and León and was also Alfonso's brother. When Sancho was murdered, Alfonso was accused of his death; however, el Cid made Alfonso swear that he had no part in his brother's death. After Alfonso swears to this, he is crowned King of Castilla and León as Alfonso VI. Alfonso was by nature suspicious, and preferred to keep el Cid away on errands, instead of having him fight alongside him. Perhaps Alfonso never forgot the humiliation of having to swear his innocence to el Cid. Alfonso VI had other nobles—such as García Ordóñez—who were closer to him than was el Cid.

2. ¿Quiénes fueron los moros? Busca información sobre esta cultura que vivió tanto tiempo en España. Busca la información en libros o a través del Internet. ¿Por qué crees que esta civilización duró tantos siglos en España?

Capítulo 2

El préstamo° de Raquel y Vidas[1]

Para vivir en exilio, el Cid necesitaba dinero para su mesnada.° Le dijo a Martín Antolínez:[2] —Necesito tanto dinero y la única manera de conseguirlo es así: Llena de arena° dos arcas° hasta los bordes para que sean muy pesadas.° Cúbrelas con ricos cueros rojos y séllalas° con clavos° dorados. Llévalas donde Raquel y Vidas. Diles que ya no puedo comprar nada en Burgos y que tampoco puedo llevar los cofres° conmigo.[3] Es preciso que los empeñe° por lo que me puedan dar. Lleva los cofres de noche y con gran sigilo.° No puedo hacer más y lo hago muy a mi pesar.°

Raquel y Vidas estaban contando su dinero cuando llegó Martín Antolínez. Se alegraron mucho de ver arcas tan ricas y pesadas. Martín Antolínez pidió seiscientos marcos[4] de préstamo. Los dos judíos se apartaron° de Martín y se consultaron así: —Bien sabemos que el Cid ha ganado mucho botín en la tierra de los moros. Quien viaja con dinero no duerme tranquilo. Tomemos, pues, las dos arcas y escondámoslas en lugar seguro.

Cuando trataron de cargar las arcas se mostraron muy felices, porque siendo forzudos° no podían levantarlas. Finalmente lograron cargar las arcas. Prestaron los seiscientos marcos y también dieron una mordida° de treinta marcos para don Martín por su parte en el negocio.

---

préstamo loan	**clavos** nails	**lo hago muy a mi pesar** I
mesnada troops	**cofres** coffers	do it in spite of myself
arena sand	**que los empeñe** that I	**se apartaron** left
arcas coffers, chests	pawn them	**forzudos** strong
pesadas heavy	**sigilo** secret	**mordida** reward
séllalas seal them		

[1] Raquel and Vidas were two Jewish moneylenders from Burgos. Three cultures flourished in Spain during the Middle Ages: the Christian, the Moorish, and the Jewish.

[2] Martín Antolínez is described as being from Burgos, although historians are unable to verify his existence.

[3] When a noble person was banished or exiled by a king, he couldn't take his possessions with him. Furthermore, the kings had the "Divine Prerogative," giving them power over the souls of their subjects.

[4] The *marco* was half a pound (8 ounces) of gold. Therefore, the two coffers weighed perhaps more than 300 pounds, since 600 *marcos* would weigh 300 pounds.

Comprensión

A. Contesta las siguientes preguntas.

1. ¿Por qué necesitaba dinero el Cid?
2. ¿Qué contenían las arcas?
3. ¿Cómo adornaron las arcas?
4. ¿Por qué llevaron las arcas por la noche?
5. ¿Adónde llevaron las arcas? ¿Para qué?
6. ¿Por qué no podía comprar nada en Burgos el Cid?
7. ¿Cuánto dinero pidió don Martín por las arcas?

B. Pon en orden cronológico (1-7) los siguientes acontecimientos del capítulo.

___ Raquel y Vidas no pudieron levantar las arcas.

___ El Cid mandó llenar dos arcas.

___ Raquel y Vidas se alegraron al ver las arcas.

___ Raquel y Vidas contaban su dinero.

___ Martín Antolínez llevó las arcas al negocio de Raquel y Vidas.

___ Martín Antolínez cubrió las arcas para engañar a Raquel y Vidas.

___ Raquel y Vidas le prestaron dinero al Cid.

C. ¿Qué opinas?

1. ¿Qué te parece la idea que tuvo el Cid con respecto a las arcas? ¿Te parece genial o malvada? Explica por qué opinas así.
2. ¿Crees que el Cid recompensará a Raquel y Vidas? ¿Por qué opinas así?

Como la uña de la carne se sienten desgarrar.

Capítulo 3

La despedida

Después de conseguir el dinero de Raquel y Vidas, el Cid Campeador se fue al monasterio de San Pedro de Cardeña para despedirse de su mujer y de sus hijas. Don Sancho,[1] el abad° del monasterio, saludó al Cid con gran gozo. El Cid dio a don Sancho ciento cincuenta marcos para que cuidara a sus dos hijas niñas, a su mujer, doña Jimena,[2] y a las dueñas° que la acompañaban. Le dijo: —Dejo las dos hijas niñas; tómalas en tus brazos. Por cada marco que gastes te daré cuatro.

Doña Jimena se acercó al Cid y le besó la mano. Le dijo: —Veo que tú ya estás de partida° y que nosotras de ti nos separamos en vida.

El de la barba florida[3] tomó en sus brazos a sus dos hijas y las acercó a su corazón. Con lágrimas en los ojos dijo a doña Jimena: —Ruega a Nuestro Señor y a la Virgen María que yo llegue algún día a casar a mis hijas, y que la buena fortuna[4] me proteja la vida por muchos días. —El Cid abraza a su mujer por largo tiempo. Como la uña° de la carne se sienten desgarrar.[5]

Alvar Fáñez[6] se impacienta con todas estas demostraciones de dolor y le dice a Rodrigo: —Cid, el bien nacido,° ¿dónde está tu esfuerzo?° Estos duelos algún día se tornarán en gozo.

Doblaban° las campanas en San Pedro. El pregón° anunció por Castilla la partida del Cid. Ciento quince caballeros dejaron sus hogares para

---

abad abbott, rector of a parish	**estás de partida** are about to leave	**esfuerzo** courage
dueñas ladies-in-waiting	**uña** fingernail	**Doblaban** Tolled
	nacido born	**pregón** town crier

[1] The abbott of the Monastery of San Pedro de Cardeña during this time was Sisebuto, not Sancho.

[2] Jimena Díaz was the daughter of the Count of Oviedo; therefore she was of aristocratic lineage. She was also the granddaughter of kings and a second niece to Alfonso VI, making her of royal ancestry. She married Rodrigo in 1074.

[3] El Cid is called by a number of epithets (names that highlight his person). *El de la barba florida* indicates that his beard had grown very thick and long. This was a sign of his grief because of his exile.

[4] Notice that el Cid is a good Christian although, like many of the people of the time, he is quite superstitous. He wants fortune to be good to him.

[5] In this simile, el Cid's departure causes much pain to both husband and wife, as the pain caused by a fingernail being torn from the finger.

[6] Minaya Alvar Fáñez was the chief tactician of el Cid. He was also Rodrigo's nephew and, therefore, first cousin to el Cid's daughters.

acompañar al Cid. Y así soltaron° las riendas de sus caballos y comenzaron sus aventuras.

———◆◆◆———

Comprensión

A. Contesta las siguientes preguntas.

1. ¿Para qué se fue el Cid al monasterio de Cardeña?
2. ¿Para qué le dio dinero el Cid al abad?
3. ¿Qué le prometió el Cid al abad?
4. ¿Qué le pidió el Cid a doña Jimena?
5. ¿Qué le dijo Alvar Fáñez al Cid?
6. ¿Qué anunció el pregón?

B. Pon en orden cronológico (1-5) los siguientes acontecimientos del capítulo.

___ El Cid recibe dinero de Raquel y Vidas.

___ Muchos hombres se van del pueblo con el Cid.

___ Alvar Fáñez observa cómo se despide el Cid de su familia.

___ El Cid encarga al abad del monasterio que cuide a su familia.

___ El Cid abraza a doña Jimena.

C. ¿Qué opinas?

1. ¿Has tenido que despedirte de un ser querido por largo tiempo? ¿Cuáles fueron las circunstancias? ¿Cómo te sentiste?
2. El símil "como la uña de la carne se sienten desgarrar" evoca gran dolor. Inventa otras expresiones que evoquen dolor y tristeza y discútelas con tus compañeros de clase.

---

soltaron loosened

Capítulo 4

La toma° de Castejón

Los del Cid se fueron de su patria y marcharon de Espinazo de Can, acampando a orillas° del río Duero.

Por la noche el Arcángel San Gabriel se le presentó entre sueños° a Rodrigo y le dijo: —Cabalga, Cid. Mientras vivas, buen fin tendrá lo que hagas. —Al despertar el Cid se santiguó.° Los del Cid, a la madrugada,° se dirigieron hacia Castejón.

Minaya Alvar Fáñez sugirió que el Cid atacara al pueblo con cien caballeros. Alvar Fáñez iría por los campos del lugar con doscientos caballeros tomando el botín de los moros.

Los de Castejón se levantaron como de costumbre, sin precauciones. Dejaron francas° las puertas de la ciudad y salieron a hacer sus quehaceres° diarios. El Cid cabalgó hacia las puertas francas y avasalló° a todos los moros del pueblo.

Alvar Fáñez, por su parte,° regresó con un gran botín. Cuando le vio, el Cid exclamó: —Alvar, ¿ya vienes? ¡Eres una valiente lanza! Toma la quinta parte si la quieres.* —Alvar le contestó: —Mucho te agradezco, pero Alfonso se contentará más que yo. Me contento con matar moros hasta que la sangre baje destellando° por mi codo.

El Cid mostró su compasión por los moros prisioneros dándoles su libertad. Los moros y las moras bendijeron° al Cid por su bondad cuando partió de Castejón.

---

toma capture
orillas river banks
entre sueños in dreams
se santiguó made the sign
  of the cross

madrugada dawn
francas unfettered
quehaceres chores
avasalló subdued

por su parte on the other
  hand
destellando sparkling
bendijeron blessed

* Notice the humor of el Cid when he jokes with Alvar by saying: "You're here already? You are a courageous lance. Take the fifth part for yourself…if you want to."

Comprensión

A. Contesta las siguientes preguntas.

1. ¿Qué reveló el Arcángel al Cid? ¿Cómo reaccionó el Cid?
2. ¿Qué hizo Alvar Fáñez con sus caballeros?
3. ¿Cómo tomó el Cid a Castejón?
4. ¿Qué obtuvo Alvar Fáñez?
5. ¿Qué ofreció el Cid a Alvar?
6. ¿Qué sugirió Alvar? ¿Por qué?
7. ¿De qué se jactó Alvar? ¿Por qué?

B. ¿Qué opinas?

1. ¿Cómo muestra el Cid su compasión y qué consecuencias podría tener esa compasión?
2. ¿Deben tener más compasión los líderes? ¿Y los ciudadanos? ¿Te parece que hay una falta de compasión en el mundo hoy día? Discute el tema con tus compañeros de clase.

Capítulo 5

La derrota de los príncipes moros de Valencia

Después de conquistar Castejón, el Cid y sus hombres marchan por Aragón. Conquistan Alcocer y se encuentran escasos de provisiones. Al enterarse° Tamín,[1] el rey moro de Valencia, mandó a dos de sus príncipes con más de tres mil soldados contra los seiscientos del Cid. El Cid pide consejo° a sus caudillos.° Minaya Alvar Fáñez, el capitán general del Cid, opina que los seiscientos caballeros deben atacar por sorpresa a los moros. Pedro Bermúdez,[2] el caballero que porta los colores del Cid, no puede contenerse, espolea° a su caballo y ataca a los moros antes de que el Cid dé la orden; sin embargo, los del Cid ganan la batalla. Mueren más de mil trescientos moros y sólo quince caballeros cristianos.

La quinta parte de botín le tocó° al Cid: cien caballos, oro, espadas y mucho más. El Cid mandó a Alvar Fáñez con treinta de sus mejores caballos ensillados° y con ricas espadas a su rey Alfonso.

El rey se contentó al recibir el regalo del Cid, pero dijo: —Sólo porque era de los moros acepto el regalo. Es muy temprano todavía para perdonar al Cid, pero dejaré que mis caballeros vayan a pelear a su lado. —Minaya agradeció al rey este signo del futuro perdón al Cid.

—━━•◆•━━—

Comprensión

A. Contesta las siguientes preguntas.

1. ¿Dónde estaban el Cid y sus soldados?
2. ¿Cuántos soldados moros había? ¿Y cristianos?
3. ¿A quiénes pidió consejo el Cid?
4. ¿Qué opinó Alvar Fáñez?
5. ¿Qué hizo Pedro Bermúdez?

---

enterarse finding out	**caudillos** leaders	**tocó** fell to
consejo advice	**espolea** spurs	**ensillados** saddled

[1] Tamín is a fictitious name.

[2] Pedro Bermúdez was el Cid's standardbearer (*portaestandarte*) as well as his nephew. He was, therefore, first cousin to el Cid's daughters.

6. ¿Cómo fue el encuentro entre los soldados del Cid y los del rey de Valencia?
7. ¿Cuántos moros y cristianos mueren en la batalla?
8. ¿Qué recibió el Cid después de la batalla?
9. ¿Qué le ofreció el Cid al rey Alfonso?

B. ¿Qué opinas?

1. ¿Por qué el Cid no castiga a Pedro Bermúdez?
2. ¿Por qué crees que el rey aún no perdona al Cid? ¿Crees que lo perdonará pronto? Si fueras el rey, ¿perdonarías al Cid? ¿Por qué?

Capítulo 6

Batalla contra el conde de Barcelona

Se unen al bando del Cid caballeros de Castilla y León. El Cid marcha entonces por las tierras del sur y del este de Aragón que estaban bajo el amparo° de don Ramón de Berenguer,[1] conde de Barcelona. El Cid había herido en tiempos pasados a un sobrino del conde y no había enmendado° su ofensa. Por esta razón el conde le tenía rencor° al Cid.

El conde don Ramón reunió un gran ejército de moros y cristianos y salió contra el Cid. Al enterarse, el Campeador dijo: —Díganle al conde don Ramón que no me tome esto a mal.° De lo suyo nada llevo, y que me deje ir en paz.

Pero el conde respondió: —Lo de antes y lo de ahora, todo me lo pagará el desterrado.

Los soldados del conde atacaron cuesta abajo.° Sus caballos tenían monturas coceras[2] y llevaban las cinchas° flojas. Los del Cid tenían monturas gallegas.[3] Atacando cuesta arriba,° derribaron a los de don Ramón.

El Cid ganó en la batalla la famosa espada Colada que valía más de mil marcos.[4] Quedó muy complacido° con sus grandes ganancias. El conde don Ramón quedó prisionero del Cid.

Prepararon manjares° para la ocasión, pero don Ramón no los quería comer y se mofaba° diciendo: —Antes morir,° que comer un bocado preparado por estos harapientos.° —Dijo el Cid: —De lo que te he ganado en la batalla necesito para estos harapientos.

---

amparo protection
no había enmendado he
   hadn't apologized for
rencor resentment
tome a mal to take it the
   wrong way

cuesta abajo downhill
cinchas girths
cuesta arriba uphill
complacido pleased
manjares exquisitely
   prepared foods

se mofaba jeered
Antes morir I would
   rather die
harapientos ragged persons

[1] Count Ramón Berenguer was, in fact, imprisoned by el Cid. He was set free in 1082.

[2] The *coceras* were saddles designed for speed and were extremely unsteady in battle.

[3] The *gallegas* were work saddles with a high front and back and were very steady.

[4] Swords of fine steel were rare in the Middle Ages because the forging of steel was still very primitive. Many of these fine swords were even given names, such as those of el Cid.

El Cid pidió al conde que comiera, mas don Ramón no comió por tres días. Entonces le prometió que si comía de tal manera que le agradara al Cid, le pondría en libertad con dos de sus caballeros. Entonces don Ramón comió de muy buena gana° y obtuvo su libertad.

⟶⟾⬥⟵

Comprensión

A. Contesta las siguientes preguntas.

1. ¿Por dónde siguió su marcha el Cid?
2. ¿Por qué el conde le tenía rencor al Cid?
3. ¿Qué hizo el conde? ¿Cómo reaccionó el Cid cuando el conde reunió su ejército?
4. ¿Cómo atacaron los del conde?
5. ¿Cuál fue la estrategia de los del Cid?
6. ¿Qué ganó el Cid?
7. ¿Por qué se negó a comer don Ramón?
8. ¿Qué le prometió el Cid al conde si comía?

B. Pon en orden cronológico (1-8) los siguientes acontecimientos del capítulo.

___ El Cid libera al conde de Barcelona.
___ El ejército del Cid entra en batalla con el conde.
___ El Cid y sus soldados viajan por el territorio del conde.
___ El conde se niega a comer.
___ El conde prepara su ejército.
___ El Cid hiere a un pariente del conde.
___ Los del Cid preparan un gran banquete.
___ El conde es prisionero del Cid.

C. ¿Qué opinas?

¿Por qué crees que el Cid liberó al conde de Barcelona? Si tú estuvieras en una situación similar, ¿qué harías?

---

comió de muy buena gana
    ate with great satisfaction

Las bodas

Antes de leer: *¿Qué importancia tienen para ti la generosidad, la lealtad y la compasión . . . o los celos y la envidia? Mientras lees este canto, piensa en estas características y cómo influyen en los personajes.*

Capítulo 7

El Cid conquista Valencia

Una vez solucionado el litigio° con don Ramón, el Cid Campeador y sus hombres siguieron hacia el sur por las costas del Mediterráneo. Su intención era conquistar Valencia.

Tres mil seiscientos caballeros del Cid cercaron° la hermosa ciudad, impidiendo que entraran o salieran los valencianos. Al cabo de diez meses capituló° Valencia, y sus grandes riquezas entonces pertenecieron al Cid.

Al enterarse, el rey moro de Sevilla les atacó con treinta mil hombres de armas, pero fue derrotado en dos batallas y escapó herido. El Cid le ganó su célebre caballo Babieca y más riquezas aun.

La fama del Cid atrajo° a don Jerónimo,[1] un obispo renombrado° del Oriente.° Era muy fuerte, valiente y entendido en las letras. Odiaba° a los moros y quería herirlos con sus propias manos. El Cid otorgó° a don Jerónimo el obispado° de Valencia, y el buen obispo comenzó a luchar a su lado.

---

litigio dispute	**renombrado** famous	**obispado** bishopric *(the ter-*
cercaron blockaded	**Oriente** East	*ritorial jurisdiction of a*
capituló surrendered	**Odiaba** (He) hated	*bishop in the Catholic*
atrajo attracted the	**otorgó** granted	*Church)*
attention of		

[1] Don Jerónimo de Perigord, a French clergyman, was made Bishop of Valencia in 1098 by the *metropolitano*, or archbishop, of Toledo. This action consolidated the control of the area by el Cid.

Las riquezas del Cid eran ahora fabulosas. Una vez más mandó Rodrigo a Alvar Fáñez con un rico regalo para su rey Alfonso. Pidió que permitiera venir a su esposa (doña Jimena) y a sus hijas (doña Elvira y doña Sol)[2] a vivir con él en Valencia.

Alfonso se santiguó al ver a Alvar Fáñez y le dijo que se alegraba mucho de los éxitos del Cid. El conde García Ordóñez, lleno de celos,° sugirió sarcásticamente que le parecía que no quedaban ya moros vivos. El rey contestó: —De todas maneras . . . el Cid me sirve mejor que tú.

El rey concedió los favores al Cid y, aun más, mandó pagar los gastos del viaje de la familia. Los infantes de Carrión, don Fernando y don Diego[3] González, cuando oyeron las noticias, dijeron que si se casaran con las hijas del Cid, doña Elvira y doña Sol, serían ricos a pesar de° ser más nobles que el Cid.

Los infantes lisonjearon° a Alvar Fáñez y mandaron saludos al Cid, indicando que pronto irían a luchar a su lado. Alvar Fáñez pensó que esto tendría mal fin.

———◦•◦———

Comprensión

A. Contesta las siguientes preguntas.

1. ¿Cuánto tiempo duró la conquista de Valencia? ¿Qué estrategia empleó el Cid?
2. ¿Qué hizo el rey moro de Sevilla?
3. ¿Qué le pasó al rey moro de Sevilla?
4. ¿Quién era don Jerónimo?
5. ¿Qué le pidió el Cid al rey Alfonso?
6. ¿Cómo reaccionó García Ordóñez?
7. ¿Qué le contestó el rey al conde? ¿Qué indica su respuesta?
8. ¿Qué pagó Alfonso?
9. ¿Qué planean los infantes de Carrión?
10. ¿Qué pensó Alvar Fáñez? ¿Por qué pensaría así?

---

celos envy   **a pesar de** in spite of   **lisonjearon** flattered

[2] Although these names are used in the poem, el Cid's daughters were really named Cristina and María; Cristina is Elvira and María is Sol.

[3] The Infantes de Carrión, don Fernando and don Diego, were sons of don Gonzalo, the Count of Carrión. Carrión was in León. The king wanted to unite Castilla and León. El Cid was from a town in Castilla called Vivar, close to the city of Burgos.

B. ¿Qué opinas?

El conde García Ordóñez tenía celos del Cid. ¿Has sentido celos o envidia alguna vez? ¿Qué hiciste para superar (*overcome*) estos sentimientos?

Capítulo 8

Se junta la familia del Cid

Una vez cumplida° la misión, Alvar, la familia del Cid y su séquito° salieron de San Pedro de Cardeña para Valencia. Raquel y Vidas entonces dijeron a Alvar que el Cid les había empobrecido y pidieron su dinero, aunque fuera° sin intereses. Amenazaron diciendo: —Si no, dejaremos Burgos y lo iremos a buscar. —Alvar les prometió cumplir su encargo.

Cuando el Cid se enteró de las buenas nuevas° del rey, mandó que su buen amigo, el moro Abengalbón,* escoltara° al séquito de Jimena a Valencia. El Cid pidió cien hombres y Abengalbón mandó doscientos.

Cuando llegó a Valencia el séquito, el Cid, por su gran alegría, corrió en su caballo Babieca haciendo alarde° de su destreza.° Finalmente desmontó y abrazó a su familia con mucho cariño y todos lloraron de contento.

El Cid llevó a su mujer e hijas hasta lo alto del alcázar° y dijo: —Esta ha de ser nuestra morada.° —Desde allí vieron toda la ciudad con el mar a lo lejos. Miraron la huerta frondosa° y la gran belleza del lugar. El invierno se ha ido y marzo ya quiere entrar.

———◗◆◖———

Comprensión

A. Contesta las siguientes preguntas.

1. ¿Hacia dónde se dirigió el séquito?
2. ¿Qué pidieron Raquel y Vidas? ¿Por qué?
3. ¿Quién era Abengalbón?
4. ¿Qué le pidió el Cid al Abengalbón? ¿Para qué?
5. ¿Qué hizo el Cid al ver a su familia?
6. ¿Adónde llevó el Cid a su mujer e hijas?

---

cumplida carried out	**nuevas** news	**alcázar** castle
séquito followers	**escoltara** escort	**morada** residence
aunque fuera although it could be	**haciendo alarde** boasting	**huerta frondosa** very green orchard
	destreza dexterity	

* Abengalbón represents a friend of el Cid's in times of peace. Historians know very little about this man.

B. Indica si las siguientes oraciones son ciertas (C) o falsas (F). Corrige la información falsa y cita las palabras o frases del capítulo que apoyan la información.

   1. El Cid y sus compañeros viajaron de Valencia a San Pedro de Cardeña.
   2. La residencia del Cid y su familia en Valencia era humilde pero se encontraba en un lugar hermoso.
   3. Raquel y Vidas le dieron las gracias al Cid.
   4. El Cid se reunió con su familia en San Pedro de Cardeña.
   5. Alvar prometió dar al Cid el mensaje de Raquel y Vidas.
   6. El amigo moro del Cid acompañó a doña Jimena a Valencia.
   7. El amigo moro del Cid se llamaba Babieca.
   8. Era verano cuando todo esto ocurrió.

C. ¿Qué opinas?

   1. La última frase de este capítulo hace alusión al invierno y a marzo. ¿Qué significa esto? ¿Te parece el tono optimista o pesimista? ¿Por qué? Discute la influencia del tiempo sobre el ánimo (*mood*) de las personas.
   2. ¿Qué más has aprendido sobre el carácter del Cid? ¿Te parece más humano? Discute sus características con tus compañeros de clase.

Yusef . . . decidió atacar con cincuenta mil hombres de armas.

Capítulo 9

La batalla contra Yusuf[1]

Valencia es ahora la residencia del Cid y sus vasallos. La hermosa ciudad, la riqueza y el poder del Cid son una vez más la causa de la envidia de los moros.

Yusuf, el rey moro de Marruecos, furioso porque el Cid había conquistado Valencia, decidió atacar con cincuenta mil hombres de armas. Llegaron los moros de África en sus naves. Desembarcaron en las playas de Valencia y plantaron sus tiendas.° Los moros comenzaron a redoblar° sus tambores[2] al despuntar el alba.°

Doña Jimena y sus damas sintieron gran miedo porque nunca habían escuchado tanto estruendo.° El Cid las consoló diciendo que les daría como regalo el tambor de los moros. Dijo además: —Verán con sus ojos como aquí se gana el pan.[3]

Después de ganar la batalla, el Cid contó su gran botín. Mandó a Alfonso la rica carpa° del rey Yusuf y doscientos caballos como regalo. Ordenó a Pedro Bermúdez que le dijera a Alfonso que el Cid siempre le serviría mientras le quedara vida.°

Los emisarios del Cid fueron a Valladolid donde estaba Alfonso por entonces. Alfonso se santiguó y se puso muy alegre. Dijo a Minaya: —La hora de perdonar al Cid está cercana.

El conde García Ordóñez muestra una vez más sus celos y miedo. Entonces los infantes de Carrión se acercaron al rey y le pidieron la mano de doña Elvira y doña Sol, las hijas del Cid. Alfonso meditó gran rato.° Luego

---

tiendas tents	**al despuntar el alba** at	**le quedara vida** he has a
redoblar to roll (*to play*	daybreak	breath of life in him
double beats on the	**estruendo** uproar	**rato** moment
drums)	**carpa** tent of canvas or	
	cloth	

[1] Yusuf ben Texufin (1059-1116), was the Emperor of the *almorávides*, an Arab dynasty, in Morocco. Morocco is in the northwest of Africa.

[2] In battle, the Moors always attacked to the beat of deep drums.

[3] *Ganar el pan* is the equivalent of "to make a living." It is a comment taken from the Bible. When God expelled Adam and Eve from Paradise, He told Adam: "You will earn your bread with the sweat of your brow."

ordenó a Minaya Alvar Fáñez que llevara el mensaje al Cid, y que le dijera además que había de crecer en honor° al juntarse a la familia del rey.[4]

Al oírlo el Cid lo pensó gravemente. No quería ofender a Alfonso, pero sabía bien la cobardía° de los infantes de Carrión. Decidió por fin darle a Alfonso sus hijas para que fuera el rey quien las casara.

——•◆•——

Comprensión

A. Contesta las siguientes preguntas.

1. ¿Dónde vive el Cid ahora?
2. ¿Por qué odia el rey de Marruecos al Cid?
3. ¿Cuáles son las intenciones del rey Yusuf con el Cid?
4. ¿Cómo reaccionó doña Jimena ante la llegada de los moros? ¿Por qué?
5. ¿Qué ganó el Cid como resultado de la batalla? ¿Qué hizo con algunas de las ganancias?
6. ¿Qué siente García Ordóñez hacia el Cid? ¿Por qué?
7. ¿Con quiénes van a casarse las hijas del Cid? ¿Cómo se siente el Cid?

B. ¿Qué opinas?

1. ¿Qué te parece la lealtad del Cid hacia el rey Alfonso? ¿A ti te importa mucho que los amigos y familiares te sean leales? ¿Te consideras una persona leal? ¿Qué otras cualidades estimas en un buen amigo o familiar?
2. ¿Qué tipo de persona hubiera preferido (*would have preferred*) el Cid para esposos de sus hijas?

---

crecer en honor to grow in honor   **cobardía** cowardice

[4] El Cid was an *infanzón*, that is, of lesser nobility than the Infantes; therefore the marriage of his daughters would give his nobility a higher status. Because it is Alfonso who is giving the girls away in marriage, el Cid becomes—through these marriages—part of the King's family.

Capítulo 10

Alfonso perdona al Cid

Llegó la hora del perdón del rey. El Cid y su gran ejército fueron al norte, al lugar destinado para el encuentro con su rey Alfonso.

Alfonso y el Cid se encontraron en las orillas del río Tajo. El rey entonces perdonó al Cid y se besaron en la boca.[1] Todos se alegraron mucho, excepto García Ordóñez, a quien le pesó.°

El Cid fue huésped° de honor en el campo del rey. Alfonso lo quería de corazón y no se cansaba de mirarle, maravillándose de su larga barba.

El rey le pidió entonces la mano de doña Elvira y doña Sol para los infantes de Carrión. El Cid respondió: —Son mis hijas muy niñas y aún pequeñas las dos.[2] Los infantes son de gran renombre,° buenos para aun mejor. Da a mis hijas a quien quieras, que contento quedo yo.[3]

El rey no quiso darlas personalmente a los infantes de Carrión, y señaló a Minaya como padrino de la boda.° Ante el rey, cambiaron espadas el Cid y los infantes de Carrrión como señal de la unión.

Después del encuentro con su rey, el Cid regresó a Valencia y contó a doña Jimena y a sus hijas que había concertado° el matrimonio. Besaron al Cid las manos su mujer e hijas y dijeron: —Gracias a Dios sean dadas y al Cid de la barba crecida. Para siempre seremos ricas.

El Cid les informó entonces que las había puesto en manos del rey y dijo: —Él las casará y no yo.

---

pesó caused grief
huésped guest
renombre surname

padrino de la boda sponsor
(godfather) at the wed-
ding

concertado arranged

[1] In this time and culture, normally a vassal would kiss a king on the feet or the hands as a gesture of devotion and humility. Alfonso highlights his great love and regard for el Cid by kissing on the lips as a sign of near equality.

[2] The experts claim that at this time doña Elvira was 11 or 12 years old, and doña Sol, 9 or 10. During the Middle Ages, it was not unusual for noble girls of very young age to marry. Marriages were sometimes made for economic or political reasons, or both.

[3] El Cid tactfully puts the responsibility of the marriage of his two daughters on Alfonso.

Comprensión

A. Contesta las siguientes preguntas.

1. ¿Dónde se encontraron Alfonso y el Cid?
2. ¿Qué hicieron después del perdón del rey?
3. ¿Qué sentía Alfonso por el Cid?
4. ¿De qué se maravillaba el rey?
5. ¿Qué pidió el rey?
6. ¿Cómo le contestó el Cid?
7. ¿A quién le nombró padrino Alfonso?
8. ¿Qué hicieron el Cid y los infantes para señalar la unión?
9. ¿Qué papel tuvo doña Jimena en la decisión de la boda?
10. ¿Por qué dice el Cid "Él las casará y no yo."

B. ¿Qué opinas?

1. Según lo que ya sabes sobre el carácter de los infantes, ¿cómo terminarán los matrimonios?
2. Hoy día hay sociedades en las cuales los padres arreglan los matrimonios de sus hijos. ¿Qué te parece ese sistema? Discute las ventajas y las desventajas de estos matrimonios.

Capítulo 11

Se celebran las bodas

Llegaron a Valencia los infantes de Carrión y muchos otros nobles de todos los reinos° de España. El Cid les hizo mucho honor. En particular, distinguió a sus futuros yernos,° los infantes. Mandó que Pedro Bermúdez y Muño Gustioz[1] cuidaran y atendieran personalmente a los infantes.

Las bodas se celebraron en la gran sala del palacio. Por todas partes se veían alfombras, seda y púrpura.[2] Llegó la hora y los caballeros del Cid se juntaron allí con gran prisa. Los infantes se inclinaron ante el Cid y doña Jimena. Cavilando,° dijo el Cid: —Puesto que° tenemos que hacerlo, ¿por qué lo vamos tardando?

Ordenó a Alvar Fáñez que comenzara el rito° y que diera a sus hijas con su propia mano. Fueron todos después a la iglesia de Santa María donde don Jerónimo, el obispo, dio su bendición.

El Cid y los suyos, para celebrar el evento, hicieron una gran muestra de su destreza con las armas. Se realizaron torneos en un arenal° cercano y, al día siguiente antes de comer, los caballeros rompieron siete castillos de tablas[3] eregidos° en el campo.

Al final de los quince días de fiestas, el Cid dio ricos regalos a todos los caballeros presentes y éstos regresaron a sus reinos ricos y contentos. Los infantes de Carrión se quedaron a vivir en Valencia con sus mujeres y el Cid.

---

reinos kingdoms	**Puesto que** Since	**arenal** sandy ground
yernos sons-in-law	**rito** rite	**eregidos** erected
Cavilando Hesitating		

[1] Muño Gustioz was doña Jimena's brother-in-law.

[2] Here, purple cloth; traditionally, purple has been the symbolic color for royalty.

[3] The knights of el Cid tore down wooden castles erected in a field as a sign of their dexterity with their arms. This was a common exercise of the times.

Comprensión

A. Contesta las siguientes preguntas.

1. ¿Qué se celebró en Valencia?
2. ¿Cómo estaba decorado el palacio?
3. ¿Ante quiénes se inclinaron los infantes?
4. ¿Quién comienza la ceremonia de las bodas?
5. Después de las bodas, ¿qué hicieron el Cid y los suyos?
6. ¿Cuánto tiempo duraron las fiestas?

B. Pon en orden cronológico (1-9) los siguientes acontecimientos del capítulo.

___ Los caballeros del Cid volvieron a sus casas.

___ Llegaron a Valencia los infantes de Carrión.

___ Las hijas del Cid se quedaron en Valencia con sus esposos.

___ El Cid mandó que dos de sus más respetados caballeros atendieran a los infantes.

___ El Cid dio muchos regalos a sus caballeros.

___ Hubo torneos.

___ La boda civil de las hijas tuvo lugar en el palacio.

___ Se celebró la boda religiosa en una iglesia.

___ Se rompieron castillos de madera.

C. ¿Qué opinas?

1. Dado lo que ya sabes de lo que opina el Cid de los infantes, ¿qué te parece la manera en que el Cid los trata en la boda? ¿Qué refleja eso?
2. ¿En qué se parecen y en qué se diferencian las costumbres de las bodas durante el tiempo del Cid y las de hoy día?
¿Qué es lo que más te llama la atención?

La afrenta° de Corpes[1]

Antes de leer: *¿Qué cualidades necesita un gran líder? Mientras vas terminando de leer la obra, piensa en estas cualidades y cómo las personifica (embodies) el Cid.*

Capítulo 12

El episodio del león

Después de las bodas de doña Elvira y doña Sol, se normalizó la vida en el palacio de Valencia. Pero un día, mientras el Cid dormitaba° en un sillón, se escapó de su jaula un león.[2] Los hombres del Cid sintieron gran temor; sin embargo, recogieron sus mantos° y rodearon al Cid para protegerlo.

Los infantes de Carrión, don Fernando y don Diego González, sintieron gran pavor.° Don Fernando corrió y se echó bajo° el sillón del Cid. Don Diego gritó: —Nunca más veré Carrión. —Y se escondió detrás de una gran viga.°

El Cid se despertó entonces y se enteró del° suceso. Se puso de pie° y fue hacia el león. Cuando el león lo vio, bajó la cabeza como seña de humildad. El Cid lo tomó por el cuello y lo metió en la jaula. Todos los presentes se sintieron maravillados por el suceso. El Cid preguntó por sus dos yernos y no los halló. Los llamaron entonces a gritos pero ni el uno ni el otro respondieron. Finalmente cuando los encontraron, los hallaron pálidos de miedo.

---

afrenta dishonor
dormitaba was napping
mantos cloaks
pavor terror

se echó bajo he threw himself under
viga beam

se enteró del found out about
Se puso de pie (He) stood up

[1] Corpes was a town a few days' ride from Valencia.

[2] During this period, the privileged classes had the custom of keeping caged wild animals in their palaces.

Cuando el león lo vio, bajó la cabeza como seña de humildad.

¡Cómo se burlaron° todos los presentes! El Cid mandó que no se hiciera tal cosa. Los infantes de Carrión se sintieron avergonzados° y lo ocurrido fue una gran deshonra para ellos.

Comprensión

A. Contesta las siguientes preguntas.

1. ¿Qué sucedió mientras el Cid dormitaba?
2. ¿Qué sintieron los hombres del Cid? ¿Por qué?
3. ¿Qué hicieron estos hombres luego?
4. ¿Qué sintieron los infantes?
5. ¿Qué hizo don Fernando? ¿y don Diego?
6. ¿Qué hizo el Cid con el león?
7. ¿Cómo estaban los infantes cuando por fin los encontraron?
8. ¿Por qué se sintieron avergonzados los infantes?

B. ¿Qué opinas?

1. ¿Por qué crees que el Cid mandó que no se burlaran de los condes? ¿Qué te dice esto de su carácter?
2. Al principio del capítulo leíste que "se normalizó la vida en el palacio." ¿Cómo sería un día "normal" para el Cid y su familia en el palacio? Discútelo con tus compañeros de clase.

---

se burlaron mocked   **avergonzados** humiliated

Capítulo 13

Batalla contra Búcar[1]

La vida en el alcázar de Valencia volvió a lo normal después del cómico episodio del león. Pero entonces llegó un mensaje del rey Búcar de Marruecos. Búcar mandó que el Cid saliera de Valencia. El Cid respondió al mensajero: —Di al hijo de una mala secta[2] que antes que pasen tres días, seré yo quien le pide cuentas.°

Muño Gustioz había oído a los infantes de Carrión expresar su miedo de entrar en batalla. Al enterarse el Cid, les dijo que no tenían que pelear; no obstante, al comenzar la batalla los infantes fingieron° ser campeones.

Don Fernando, muy osado,° se fue contra el moro Aladraf.[3] Pero cuando el moro se detuvo para luchar, Fernando volvió las riendas° con gran temor. Entonces Pedro Bermúdez venció a Aladraf y dio el caballo del moro al infante diciendo: —Di a todos que tú ganaste este caballo; yo seré testigo.° —Al saber el éxito de su yerno, el Cid se contentó mucho.

La batalla entre los del Cid y los de Búcar fue sangrienta.° Don Jerónimo, después de haber matado siete moros, se vio cercado° de muchos más. El Cid les atacó con su espada, matando moros a diestra y siniestra.° Mató once moros y rescató° a su obispo.

El rey Búcar, viéndose perdido, huyó en su famoso caballo, a galope tendido.° El Cid le dio alcance° cerca del mar en su caballo Babieca, cuyo galope era aun más veloz. Alzó su espada Colada y le dio un fuerte golpe. Los rubíes del yelmo° de Búcar cayeron en la arena. Así el Cid ganó del rey Búcar la espada Tizón,[4] que valía más de mil marcos.

---

yo . . . pide cuentas he'll have to answer to me	**testigo** witness	**a galope tendido** galloping fast, full speed
fingieron pretended	**sangrienta** bloody	**le dio alcance** caught up with him
osado daring	**cercado** surrounded	
volvió las riendas turned the reins of a horse, drew back	**a diestra y siniestra** left and right	**yelmo** helmet
	rescató rescued	

[1] Búcar seems to have been one of the Abu Békars who lived during this period. However, positive identification has never been established.

[2] The reference, *hijo de una mala secta* (the son of a bad doctrine), is to the Islamic religion, which was the religion of the Moors.

[3] Aladraf is fictitious.

[4] Other sources call the sword Tizona.

Comprensión

A. Contesta las siguientes preguntas.

1. ¿Cómo respondió el Cid al mensaje del rey Búcar?
2. ¿Qué había oído Muño Gustioz?
3. ¿Tenían que pelear los infantes? ¿Por qué?
4. ¿Cómo actuó don Fernando?
5. ¿A cuántos moros mató don Jerónimo?
6. ¿Cómo huyó Búcar?
7. ¿Cómo se llamaba el caballo del Cid?

B. Indica si las siguientes oraciones son ciertas (C) o falsas (F). Corrige la información falsa y cita las palabras o frases del capítulo que apoyan la información.

1. El rey de Marruecos invitó al Cid a visitarlo.
2. Fernando no luchó contra los moros.
3. Como resultado de la batalla, el Cid obtuvo el yelmo del rey moro.
4. Los infantes mintieron con respecto a su participación en la batalla.
5. Los moros ganaron la batalla.
6. Pedro Bermúdez protegió a Fernando.
7. El Cid le salvó la vida al obispo.
8. La batalla entre moros y cristianos no produjo ni muertos ni heridos.

C. ¿Qué opinas?

1. ¿Por qué supones que Pedro Bermúdez le dio el caballo del moro al infante? ¿Te parece bien? ¿Por qué?
2. En tu lectura hasta ahora, cita ejemplos de valentía y generosidad y otros de cobardía y envidia. Discute cómo estas características influyen en los personajes y en la acción.

Capítulo 14

Los infantes regresan a Carrión

Don Fernando y don Diego recibieron cinco mil marcos como parte del botín ganado a Búcar. Fueron luego a agradecer al Cid. Dijo Fernando: —Gracias a Dios y gracias a ti, Cid honrado, tenemos tanta riqueza que ni la hemos contado. Hemos luchado por ti y hemos matado al rey Búcar, gran traidor probado.

Los vasallos del Cid que estaban presentes se burlaron de la mentira de Fernando. Los infantes, llenos de odio y venganza, dicidieron regresar a Carrión llevando consigo a doña Elvira y a doña Sol y todas sus riquezas. Pensaron que en el camino se vengarían° del Cid matando a sus hijas. Pidieron permiso al Cid para regresar a Carrión y éste les dio tres mil marcos como ajuar° de sus hijas, además de muchos otros regalos. Les dio también sus dos espadas, Colada y Tizón.

El Cid se despidió de sus hijas con mucho dolor. Las dos hermanas le pidieron que siempre hiciera llegar sus cartas a Carrión. Todos los presentes lloraron de corazón. Como uña de la carne dolía la separación.

El Cid sabía por agüeros° que los dos matrimonios no serían afortunados. Por esta razón envió al joven Félix Muñoz,[1] primo de sus hijas, para que las siguiera en el viaje a Carrión.

El séquito se dirigió a Carrión y pasaron los infantes por Molina y las tierras del moro Abengalbón. Por su gran amor al Cid, Abengalbón hizo ricos regalos a los infantes. Los dos hermanos, sin embargo, pensaron que podían enriquecerse más aun si mataban a Abengalbón.

Un moro que comprendía español[2] entendió la discusión de los infantes y comunicó sus planes a Abengalbón. Bien armado, se dirigió a los infantes y les dijo: —No hago lo que podría, por amor al Cid. Si lo hiciera, llevaría a sus hijas al Campeador leal, y vosotros jamás llegaríais

---

se **vengarían** they would avenge themselves   **ajuar** dowry

agüeros omens

[1] Félix Muñoz was a nephew of el Cid, and first cousin to his daughters.

[2] The Moors, of course, spoke Arabic as their native language.

a Carrión. Me iré de aquí sólo con permiso de doña Elvira y doña Sol. Les tengo desdén° a ustedes, infantes de Carrión.[3]

Comprensión

A. Contesta las siguientes preguntas.

1. ¿De qué se jacta Fernando?
2. ¿Qué hicieron las vasallos presentes?
3. ¿Cómo reaccionaron los infantes?
4. ¿Cómo pensaban los infantes vengarse del Cid?
5. ¿Qué les dio el Cid a los infantes?
6. ¿Qué tenía que hacer Félix Muñoz?
7. ¿Estimaba Abengalbón al Cid? ¿Por qué?
8. ¿Qué pensaron hacer los infantes a Abengalbón?

B. ¿Qué opinas?

Si estuvieras en el lugar de Abengalbón y supieras que los infantes pensaban asesinarte, ¿los perdonarías por lealtad al Cid? Explica tu punto de vista. ¿Qué te parece el dicho "Ojo por ojo y diente por diente"?

---

desdén disdain

[3] Abengalbón takes leave only from el Cid's daughters, thereby showing his contempt for the Infantes. At a time when extreme politeness was required of people, not to take leave from a nobleman was a serious insult.

Capítulo 15

Los infantes azotan° a sus esposas

Pronto entonces siguieron su viaje a Carrión. En un robledal° de Corpes cerca de una fuente, mandaron los infantes levantar su tienda. Por la mañana mandaron a todos los sirvientes que salieran delante, porque querían quedarse solos con sus mujeres.

Una vez solos, los infantes quitaron a sus mujeres las pieles de armiño° dejando sólo las camisas de seda sobre sus cuerpos. Los infantes calzaron sus espuelas,° tomaron duras cinchas y dijeron: —Ahora nos vengaremos por la afrenta del león.

Doña Sol, al entender su intención habló: —Les ruego, por Dios, que corten nuestras cabezas con sus espadas. Si nos azotan, la vileza° es de ustedes, y si así lo hacen, tendrán que responder en Cortes por esta acción.[1]

Sin embargo, los infantes las azotaron sin merced. Rasgaron° con sus espuelas las camisas y las carnes de las dos. Quedaron las dos hijas del Cid sin sentido,° ensangrentadas. Cuando se cansaron los infantes de Carrión, las dejaron por muertas en el robledal de Corpes.

Féliz Muñoz estaba escondido en el bosque cuando vio pasar a los infantes sin sus esposas. También escuchó su conversación. Siguió el rastro° que dejaron y encontró a sus primas casi muertas. Félix les trajo agua en su sombrero nuevo para mitigar° su sed. Poco a poco volvieron en sí.° Las subió a su caballo y las llevó a la torre de doña Urraca[2] lo más presto° que pudo.

Las noticias llegaron al rey Alfonso primero y luego al Cid Campeador. Al escucharlo el Cid caviló° por mucho tiempo. Luego mandó traer a sus hijas a Valencia. Al verlas, las saludó y dijo: —Yo he dejado que las casen

---

azotan whip	**vileza** depravity	**mitigar** to appease
robledal oak grove	**Rasgaron** They tore	**volvieron en sí** came to
armiño ermine	**sin sentido** unconscious	**lo más presto** the fastest
calzaron las espuelas put on spurs	**rastro** trail	**caviló** brooded

[1] Doña Sol shows a keen intelligence and understanding of the law of the time. Also, it is important that she treats the Infantes in the formal *usted* instead of the expected *vos* of the nobility. El Cid always addresses Alfonso in the *vos* form.

[2] Doña Urraca was a daughter of Alfonso. *Urraca* also means "magpie," which is a kind of bird.

porque no supe negar. Quiera Dios que las vea yo mejor casadas en el futuro. De mis yernos de Carrión, que Dios me quiera vengar.

Comprensión

A. Contesta las siguientes preguntas.

1. ¿De qué afrenta se querían vengar los infantes?
2. ¿Qué les pidió doña Sol? ¿Por qué?
3. ¿Cómo respondieron los infantes?
4. ¿Quién ayudó a las niñas? ¿Y adónde las llevó?
5. ¿Quién se enteró del suceso primero?
6. ¿Cómo reaccionó el Cid?

B. Pon en orden cronológico (1-7) los siguientes acontecimientos del capítulo.

___ Los infantes de Carrión hicieron que sus mujeres se quitaran la ropa.

___ Félix Muñoz ayudó a las hijas del Cid.

___ Los infantes dicidieron pasar la noche en un lugar no muy lejos de Corpes.

___ El Cid y el rey Alfonso se enteraron de lo sucedido.

___ Los infantes les dijeron a sus sirvientes que se fueran.

___ Una de las hermanas les pidió a los infantes que las mataran.

___ Los infantes torturaron a sus esposas.

C. ¿Qué opinas?

1. ¿Qué opinas de las acciones de los infantes hacia sus mujeres? ¿Por qué crees que lo hicieron?
2. ¿Qué te parece la reacción del rey Alfono y la del Cid? ¿Cómo reaccionarías si estuvieras en su lugar? Explica tu punto de vista.

Capítulo 16

Las Cortes

El Cid mandó a Muño Gustioz con la queja de sus agravios al rey. Alfonso al escucharlo dijo: —Fui yo quien casó a sus hijas con los infantes de Carrión. ¡Bien quisiera° que esas bodas jamás se realizaran! Dile al Cid y a sus vasallos que en siete semanas se preparen. Haré Cortes en Toledo.

El rey citó° a los nobles de Castilla, León, Carrión, Santiago, Galicia y Portugal a que vinieran si eran sus vasallos. Alfonso ordenó a los infantes que acudieran,° ya que ellos no querían. En siete semanas todos se juntaron en Toledo excepto el Cid, quien tardó cinco días.*

Al verle al Cid, Alfonso se alegró de corazón. En la mano y en la cara el Cid besó al rey. Se dirigieron entonces a Toledo. Al llegar al río Tajo, el Cid se excusó y se alojó° en San Severando para velar.° No quería cruzar el Tajo porque sospechaba traición y no estaba protegido por su escolta,° que debía llegar al anochecer.°

Al amanecer,° el Cid dio instrucciones a sus líderes que ocultasen° sus trajes de armas debajo de sus ricas pieles. El Cid cubrió su propio° traje de armas con una camisa de hilo que era blanca como el sol y una piel roja con bandas de oro. Ató° su barba con un cordón por si acaso luchara no le asieran° de su larga barba. Al llegar a la sala de las Cortes con sus líderes tan galantes, causaron admiración en todos los presentes.

———◆◆———

Bien quisiera How I wish	**velar** to keep vigil	**ocultasen** hide
citó summoned	**escolta** escort	**su propio** his own
acudieran to be present	**anochecer** nightfall	**Ató** (He) tied
se alojó he lodged	**amanecer** dawn	**asieran** seize

* El Cid creates anxiety in Alfonso when he intentionally delays his trip to Toledo for five days.

Comprensión

A. Contesta las siguientes preguntas.

1. ¿Cómo respondió el rey a la queja del Cid?
2. ¿Qué mensaje mandó Alfonso al Cid?
3. ¿A quiénes citó Alfonso?
4. ¿Cómo respondieron los infantes?
5. ¿Por qué el Cid no quería cruzar el Tajo?
6. ¿Qué instrucciones dio el Cid al amanecer?
7. ¿Cómo se vistió el Cid?
8. ¿Por qué el Cid ató su barba?

B. ¿Qué opinas?

1. ¿Por qué necesitaban siete semanas los nobles en acudir a Toledo?
2. ¿Por qué crees que el Cid tardó cinco días en llegar a Toledo?

Capítulo 17

Las tres demandas del Cid

Los jueces de las Cortes fueron don Enrique, don Ramón y otros condes que no pertenecían a ningún bando. El rey mandó al Cid que comenzara la demanda. El Cid pidió entonces que los infantes le devolvieran sus dos espadas, Colada y Tizón. Los jueces lo otorgaron.°

Los infantes entregaron las espadas a Alfonso. El conde García Ordóñez, creyendo que era la única demanda, dijo a los infantes que el Cid les tenía miedo. Por su barba, el Cid juró más venganza para sus dos hijas.

El Campeador se levantó y pidió que le devolvieran las riquezas que dio a los infantes como dote.° Los infantes se lo negaron, diciendo que ya habían dado las espadas; sin embargo, Alfonso y los jueces lo otorgaron. Puesto que los infantes ya habían gastado el dinero, ofrecieron sus tierras en Carrión. Además el rey mandó que completaran su pago con caballos, mulas, espadas finas y cosas de valor.

Dijo entonces el Cid: —Los infantes de Carrión me hicieron tal afrenta que a menos que los rete,° no los puedo yo dejar.

El conde García Ordóñez insultó al Cid por su barba tan larga y dijo además que las bodas no eran legales. El Cid respondió a lo de la barba sacando de su bolsa un mechón° de la barba del mismo García Ordóñez, que el Cid le mesó° tiempo atrás.

Entonces el Cid miró a Pedro Bermúdez y dijo: —Pedro, que te llaman tartamudo,° habla tú que siempre callas. —Entonces Pedro retó allí a Fernando. Martín Antolínez retó a Diego. Finalmente Muño Gustioz retó a Asur González, hermano de los infantes, quien acababa de llegar ebrio,° con su cara colorada.

Llegaron a la corte mensajeros de los infantes de Navarra y Aragón, hijos de reyes, y pidieron al Cid, a doña Elvira y a doña Sol para sus señores. El Cid se las concedió.

---

otorgaron granted
dote dowry
rete challenge

mechón lock of hair
mesó pulled out

tartamudo stutterer
ebrio drunk

Nuestro Cid regresó a Valencia. El rey y la corte fueron a Carrión donde se llevaron a cabo los torneos. Los infantes de Carrión fueron derrotados. Doña Elvira y doña Sol, vindicadas, se casaron con dos reyes.

Así el Cid murió en la Pascua de Pentecostés* en plena gloria, con mucho honor, y finalmente, fue pariente de reyes de España.

———•◆•———

Comprensión

A. Contesta las siguientes preguntas.

1. ¿Quiénes eran los miembros de la corte?
2. ¿Bajo qué circunstancias le fueron devueltas las espadas del Cid?
3. ¿Qué más recibió el Cid de los infantes?
4. ¿Cómo insulta el conde al Cid?
5. ¿Qué hizo el Cid con la barba del conde?
6. ¿Quién era Asur González?
7. ¿Qué sucedió en Carrión?
8. ¿Cuál fue el destino de los infantes? ¿Te parece justo?
9. ¿Dónde falleció el Cid? ¿Cuándo?

B. ¿Qué opinas?

1. Si fueras abogado o abogada y tuvieras que defender a los infantes, ¿cuál sería tu defensa?
2. ¿Crees que la justicia siempre se lleva a cabo como en el caso del Cid? Explica tu punto de vista.

---

* Pentecost is a Christian celebration that is observed 50 days after Easter; it commemorates the coming of the Holy Spirit on Christ's Apostles. El Cid's death on Pentecost symbolizes the assumption that he entered Heaven.

Vocabulario

The Spanish-English *Vocabulario* presented here represents the vocabulary as it is used in the context of this book.

The nouns are given in their singular form followed by their definite article only if they do not end in –o or –a. Adjectives are presented in their masculine singular form followed by –a. The verbs are given in their infinitive form followed by the reflexive pronoun –se if it is required; by the stem-change (ie), (ue), (i), (u); or by the orthographic change (c), (gu), (qu). Another common pattern among certain verbs is the irregular yo form; these verbs are indicated as follows: (g), (j), (y), (zc). Finally, verbs that are irregular in several tenses are designated as (IR).

A

abad, el abbot, rector of a parish
abajo down
abrazo embrace
acampar to camp
acaso perhaps
acceder to accede
acción, la action
aceptar to accept
acercar (qu) to bring (draw) near
acompañar to accompany
actitud, la attitude
acudir to be present
acusar to accuse
además moreover, besides
admiración, la admiration
afamado, -a famous
afortunado, -a fortunate, lucky
afrenta dishonor
agradar to please
agradecer (zc) to thank
agraviar to offend
agua, el *(fem.)* water
agüero omen
ajuar, el dowry
al contado (in) cash
alarde, el boast, show
   hacer alarde de to display, show off
alba, el dawn

alcance, el reach, scope
alcázar, el castle
alegrarse to rejoice
alfombra carpet, rug
alguno, -a some, any
allí there
alojar to lodge
alusión, la allusion, reference
alzar (c) to lift, raise
amanecer, el dawn
amenazar (c) to menace, threaten
amigo, -a friend
amor, el love
amparo protection
anochecer, el nightfall, evening
antes before
anunciar to announce
apartarse to leave, go away
aquí here
arca, el *(fem.)* chest
arcángel, el archangel
arena sand
arenal, el sandy ground
arma, el *(fem.)* arm, weapon
arriba above
así so, thus
asir to seize
atacar (qu) to attack
ataque, el attack
atar to tie, fasten

atender (ie) to heed, pay attention
atraer (IR) to attract
aunque although, though
aun even (*adverb*)
aún still, yet
avasallar to dominate, subdue
avergonzarse (ue) (c) to be ashamed
azotar to whip

B

bajar to go down
bajo, -a low
banda band
barba beard
batalla battle
belleza beauty
bendecir (IR) to bless
besar to kiss
beso kiss
bien good, well
blanco, -a white
boca mouth
bocado mouthful
boda wedding
bolsa bag
bondad, la goodness
borde, el edge, end
bosque, el forest
botín, el booty, loot
brazo arm
bueno, -a good
burlarse to mock, jeer
buscar (qu) to seek, look for

C

cabalgar (gu) to ride horseback
caballo horse
caballero knight, horseman
cabeza head
cabo end, tip
cada each
calle, la street
calzar (c) to put on shoes, spurs

cambiar to change, exchange
camino road
camisa shirt, blouse
campeador, el champion
campo field
cansar to tire
capitán, el captain
capitular to surrender
cara face
carácter, el character
característica characteristic
cargar (gu) to load; to carry
cariño affection
carne, la flesh, meat
carpa tent of canvas or cloth
carta letter
casi almost
casar to marry
catalán, -ana Catalan, Catalonian
caudillo leader
causar to cause
cavilar to hesitate; to brood over
celebrar to celebrate
célebre famous
celo zeal; (*pl.*) jealousy
cercano, -a near
cercar (qu) to surround; to blockade
ceremonia ceremony
Cid lord
cincha girth
cintura waist
citar to cite, quote; to call
ciudad, la city
clavo nail
cobardía cowardice
cobrar to collect
cocera special saddle designed for speed
codo elbow
cofre, el chest
color, el color
colorado, -a reddish
comenzar (ie) (c) to commence, start, begin

comer to eat
compasión, la compassion
complacer (zc) to please
completar to complete
comprar to buy
comunicar (qu) to communicate
con with
conceder to concede, grant
concertar to arrange
conde, el count (title of nobility)
conmigo with me
conquistar to conquer
conseguir (i) to get
consejo advice
consentir (ie) (i) to consent, permit
consolar (ue) to console
consultar to consult
contar (ue) to count; to tell, relate
contener (IR) to contain
contentar to make happy
contento, -a happy, content
contestar to answer
contra against
    el pro y el __ the pros and cons
conversación, la conversation
corazón, el heart
cordón, el cord
correr to run
cortar to cut
corte, la court
cosa thing
costumbre, la custom
crecer (zc) to grow
crecido, -a grown
creer (IR) to believe
cristiano, -a Christian
cruzar (c) to cross
cuando when
cubrir to cover
cuello neck; collar
cuenta count, calculation
cuero leather
cuerpo body
cuesta hill

cuidar to take care of
cumplido, -a completed, carried out
cumplir to carry out; to fulfill,
    comply

D
dama lady
dar (IR) to give
debajo under
deber to owe; ought
decidir to decide
decir (IR) to say, tell
decisión, la decision
dejar to leave, quit
delante before
demanda demand
demostración, la demonstration
derribar to demolish
derrotar to defeat
desdén, el disdain, scorn
desembarcar (qu) to disembark
desgarrar to tear
deshonra dishonor
desmontar to dismount
despedir (i) to discharge
despedirse (i) to say good-bye
despertar (ie) to awaken
después after
despuntar to break (the light of day)
destellar to sparkle, gleam
desterrar (ie) to banish, exile
destierro exile
destreza skill, dexterity
detener (IR) to detain
detrás behind
devolver (ue) to return, give back
día, el day
diario, -a daily
dibujo drawing
diestra right hand
dinero money
dirigir (j) to direct
discutir to discuss
doblar to toll or ring a bell

doler (ue) to ache
dolor, el ache, pain
dorado, -a gilded golden
dormir (ue) (u) to sleep
dormitar to doze, nap
dotar to endow
dote, el dowry
duelo grief
dueña lady-in-waiting
durar to last, endure

E
ebrio, -a drunk
echar to throw
ejército army
empeñar to pawn
emplear to employ; to invest
empobrecer (zc) to impoverish
encargo assignment;
    recommendation
encontrar (ue) to encounter, find
enemigo enemy
engañar to deceive, cheat
enmendar (ie) to amend
enriquecer (zc) to enrich
ensangrentar (ie) to stain with
    blood
ensillar to saddle
entender (ie) to understand
enterarse to find out
entonces then
entrar to enter
entre among
entregar (gu) to deliver
enviar to send
envidia envy
erigir (IR) to erect
escapar to escape
escolta escort
escoltar to escort
esconder to hide
escribir to write
escuchar to listen
esfuerzo courage, spirit; effort

espada sword
espolear to spur
esposa wife
esposo husband
estar (IR) to be
este, -a this
estrategia strategy
estruendo uproar, noise
evocar to evoke, bring to mind
excepto except
exclamar to exclaim
exilio exile
éxito success
explicar (qu) to explain
expresar to express

F
fabuloso, -a fabulous
fama fame
familia family
famoso, -a famous
feliz happy
fiesta festivity
fin, el end
finalmente finally
fingir (j) to feign, pretend
fino, -a fine, of quality
flojo, -a lax, loose; lazy
florido, -a flowery, exuberant
fortuna fortune
forzudo, -a strong
franco, -a unguarded, unfettered
frondoso, -a leafy, exuberant
fuente, la fountain
fuera outside
fuerte strong
furioso, -a furious

G
galante elegant
gallega work saddle
galope, el gallop
ganancia profit, gain
ganar to win; to earn

gastar to spend; to wear
gasto expense
general, el general
generosidad, la generosity
genial ingenious, clever
gloria glory
golpe, el blow, hit
gozo pleasure, joy
gran great
grande large, big
gravemente gravely
gritar to shout, cry

H
haber (IR) to have (*intransitive*)
hacer (IR) to make; to do
hallar to find
harapiento, -a ragged
hasta until
hecho fact
herido, -a wounded
herir (ie) (i) to wound
hilo thread
hogar, el home
hombre, el man
honor, el honor
honrado, -a honest
huerta orchard; vegetable garden
huésped, el guest
huir (IR) to flee
humildad, la humility
humillar to humiliate
humorístico, -a humorous

I
iglesia church
impaciente impatient
impedir (i) to impede, prevent
inclinar to incline, bow
infante, el prince
informar to inform
instigar (gu) to instigate
instrucción, la instruction
insultar to insult

intención, la intention
interesar to interest
invierno winter
ir (IR) to go

J
jactarse to brag, boast
jamás never
jaula cage
joven young
judío, -a Jew; Jewish
juntar to join
jurar to swear

L
lado side
lágrima tear
lanza lance
largo, -a long
leal loyal
lealtad, la loyalty
legal legal
lejos far, far away
león, el lion
letra letter (*of the alphabet*)
levantar to raise (up)
libertad, la freedom
líder, el leader
lisonjear to flatter
litigio dispute
llamar to call
llegar (ue) to arrive
llenar to fill
lleno, -a full
llevar to carry
llorar to cry, weep
lograr to succeed
lucha fight, struggle
luego soon, next
lugar, el place

M
madrugada dawn
malvado, -a evil, bad

mandar to command; to send
manera manner, way
manjar, el exquisitely prepared food
mano, la (*fem.*) hand
manto cloak
maravillar to astonish
marcha march
marchar to march
marco mark (*a kind of money*)
marido husband
mas but
más more
matar to kill
matrimonio marriage, matrimony;
 married couple
mechón, el lock of hair
meditar to mediate
mejor better
mensaje, el message
mensajero messenger
mentira lie, falsehood
merced, la favor, mercy
mes, el month
mesar to pull, pluck someone's hair
 or beard
mesnada troops
meter to put in
miedo fear
mientras while
mil one thousand
mirar to look at
misión, la mission
mitigar (gu) to calm, appease
mofarse to jeer, mock
monasterio monastery
montura saddle
morada dwelling, residence
morado, -a purple
mordida recompense, reward
morir (ue) (u) to die
moro, -a Moor, Moorish
mostrar (ue) to show
mucho, -a much
muchos, -as many

muerte, la death
muestra sample
mujer, la woman; wife

N

nacer (zc) to be born
nada nothing
nave, la ship, boat
necesitar to need
negar (ie) (gu) to deny; to refuse (*in
 negative*)
negocio transaction; business
ninguno, -a none; no one
no obstante nevertheless
noble noble
noche, la night
nombre, el name
noticia news
nuevas news
nuevo, -a new

O

obispado bishopric, diocese (*the
 territorial jurisdiction of a bishop*)
obispo bishop
obtener (IR) to obtain
ocasión, la occasion
ocultar to hide
ocurrir to occur, happen
odiar to hate
odio hatred
ofender to offend
ofensa offense
ofrecer (zc) to offer
oír (IR) to hear
ojo eye
opinar to have an opinion
opinión, la opinion
orden, el order (*chronological*)
orden, la order (*command*)
ordenar to arrange, put in order
oriente, el east
orilla shore, river bank
oro gold

osado, -a bold, daring
otorgar (gu) to grant
otro, -a other, another

P
padrino godfather, sponsor
pagar (gu) to pay
pago payment
palacio palace
pálido, -a pale, pallid
pan, el bread
pantalón, el pants, trousers
papel, el paper
para in order to, for
parecer (zc) to seem
parias taxes
pariente, el relative
parte, la part
partida departure
partir to depart, leave
patria native country, homeland
pasado, -a past
pasar to pass
pavor, el awe, dread, terror
paz, la peace
pedir (i) to ask (for)
pelear to fight
pensar (ie) to think
pequeño, -a small, little
perdonar to pardon
pérdida loss; damage
permiso permission
permitir to permit, allow
personal personal
pertenecer (zc) to belong
pesado, -a heavy
pesar, el grief
pie, el foot
piel, la fur; skin
plan, el plan
planear to plan
plantar to plant
playa beach
plazo term, time

pleno, -a full, complete
poco, -a little (not much)
poder (IR) to be able, can
poner (IR) to put, place
¿por qué? why?
porque because
precaución, la precaution
preciso, -a necessary
pregón, el town crier
pregonar to proclaim
preguntar to ask a question
preparar to prepare
presentar to present
presente present
préstamo loan
prestar to loan
presto, -a quick
primero, -a first
primo, -a cousin
príncipe, el prince
prisa speed, haste
prisionero, -a prisoner
probado, -a proven
prometer to promise
pronto quick, soon
propio, -a one's own
proteger (j) to protect
protegido, -a protégé
provisión, la provision
pueblo town
puerta door
púrpura purple cloth

Q
quedar to remain
quehacer, el chore
queja complaint
querer (IR) to want; to love
quien who
quitar to remove, take away

R
rasgar (gu) to tear
rastro track

rato short time, moment
razón, la reason
reacción, la reaction
reaccionar to react
realizar (c) to carry out, accomplish
recibir to receive
recoger (j) to gather, collect
redoblar to roll, play double beats on the drum
regalo present, gift
regresar to return
rehusar to refuse
reino kingdom
rencor, el rancor, resentment, ill will
renombrado, -a famous, renowned
renombre, el surname
rescatar to rescue, ransom
residencia residence, home
responder to respond, answer
retar to challenge
reunir to reunite, gather
revelar to reveal
rey, el king
rico, -a rich
rienda rein
río river
riqueza riches, wealth
rito rite, ceremony
robledal, el oak grove
rodear to go around, encircle
rogar (ue) (gu) to beg; to pray
romper to break, shatter
rubí, el ruby

S
saber (IR) to know
sacar (qu) to take out, draw out
sala large hall, parlor
salir to leave
saludar to greet, salute
sangre, la blood
sangriento, -a bloody

santiguar to make the sign of the cross
sarcástico, -a sarcastic
sed, la thirst
seda silk
secta doctrine; sect
seguir (i) to follow
seguro, -a secure
sellar to seal
semana week
seña sign
señal, la sign
señalar to appoint, signal
señora lady
sentir (ie) (i) to feel
separación, la separation
separar to separate
séquito followers, entourage
ser (IR) to be
servir (i) to serve
si if
siempre always
sigilo secret
significar (qu) to signify
sillón, el large chair
símil, el simile
sin without
sin embargo nevertheless
siniestra left hand
sino but; if not; otherwise
sirviente, el servant
sobrino nephew
sociedad, la society
sol, el sun
solamente only
soldado soldier
soltar (ue) to loosen
solucionar to solve
sombrero hat
sorprenderse to be surprised
sospechar to suspect
suceder to happen, occur
suceso event

sueño dream
sugerir (ie) (i) to suggest
superar to overcome
superior superior
sur, el south

T
tabla board, plank
tal such
también also, too
tambor, el drum
tampoco either, neither
tardar to delay
temor, el fear, dread
temprano early
tendido, -a lying down
tener (IR) to have
testigo witness
tiempo time
tienda tent
tierra land
tocar (qu) to fall to one's share; to
touch
todavía still, yet
todo, -a all
toma capture
tomar to take
tornar to return
torneo tournament
torre, la tower
traer (IR) to bring
traición, la treason
traidor, el traitor
traje, el dress, clothes
tranquilo, -a tranquil, calm

U
uña fingernail
único, -a only
unión, la union
unir to unite

V
valenciano, -a Valencian, from
Valencia
valor, el worth, courage
valiente brave
vasallo vassal (*a person under the
protection of a feudal lord*)
velar to keep vigil, watch
veloz swift, fast
vencer (z) to conquer
venganza revenge
vengar (gu) to avenge, revenge
venir (IR) to come
ver (IR) to see
vez, la time
viajar to travel
vida life
viga beam, rafter
vileza depravity
vindicar (qu) to vindicate, avenge
visto, -a seen
vivir to live
voluntad, la will, wishes
volver (ue) to return
vuestro, -a your

Y
ya already
yelmo helmet
yerno son-in-law